はじめに

　私たちが過ごした時代には，放課後に遊ぶ仲「間」がいました。

　放課後に遊ぶことのできる空き地や公園などの空「間」がありました。

　　そして，仲間と遊ぶ時「間」がありました。

　　町の変遷，放課後の過ごし方の多様化……。時代は変わり，

仲間・空間・時間という，いわゆる３つの「間」はなくなりつつあります。

　そんな中で，人と人をつなぐ，人と人とがつながる場所としての学校の価値，学校への期待値は年を追うごとに高まっています。

　先生方も時代のニーズに応えようと，休み時間は学級遊び・全員遊びの時間とし，子ども同士をつなげる活動に積極的に取り組まれるようになりました。

　一方で，取り組んではいるのだけれども，"つながる"とまではいかず，ただ"関わる"だけで終わってしまうという声が聞こえてきます。

　「つながらせる」活動や取り組みでは，活動の本質に迫ることは難しいことです。「つながりたい」という主体性を育む活動や取り組みが，真のつながりを生み出すのです。

　　　　相撲には決まり手が48手あります。

　　　勝つという目的のために48の技が存在するのです。

本書では休み時間に「つながりたい」という主体性を育むことを目的とした48の活動を紹介します。いずれの活動も必要な時間はたったの５分です。

　何気なく過ぎてしまう５分の休み時間。その５分間に少しの工夫を加え，休むことを目的とするだけでなく，楽しみながら休む，子どもと子ども，先生と子どもがつながりながら休む時間にしてみませんか。

　本書を活用していただき，全国各地で笑顔あふれる休み時間が展開されることを願って止みません。

　2018年７月　　　　　　　　　授業力＆学級づくり研究会　日野英之

■■■Contents■■■

はじめに　3

- ■ 休み時間の基礎知識　9
- ■ ただただおもしろくする休み時間の過ごし方のコツ！　11
- ■ こんな子どもとはこんな休み時間の過ごし方を！　13

ただただおもしろい
休み時間ゲーム 48 手

これは必須！
定番の休み時間

1 古今東西対決　16

2 マジカルバナナ対決　18

3 ダジャレ対決　20

4 地図帳対決　22

5 10秒ピッタリ！　対決　24

6 どっちの手かな対決　26

7 新聞紙ちぎり対決　28

アイテム使って! もの遊びで休み時間

- 8 消しゴム落とし対決　30
- 9 教科書ここ開いて対決　32
- 10 あだ名つけ対決　34
- 11 色カード対決　36
- 12 カード列車対決　38
- 13 シャーペン折らずに書けるか対決　40
- 14 トランプあだ名つけ対決　42

脳みそフル回転! 頭を使って休み時間

- 15 「たしかに。だからですね……」対決　44
- 16 言っちゃだめ対決　46
- 17 アウトナンバー対決　48

18 ビブリオバトル対決　　50

19 なぞかけ対決　　52

20 なりきりインタビュー対決　　54

21 暗記対決　　56

22 昨日のニュース対決　　58

23 造語対決　　60

24 せーの！　対決　　62

25 おススメの使い方対決　　64

26 正論化対決　　66

27 あいうえお話対決　　68

体を動かして！ アクティブに休み時間

28 バランス対決　　70

29 笑いながら怒る対決　　72

30 ここ動かせる？　対決　　74

31 演技対決　　76

32 新・ラジオ体操対決　　78

33 フィンガー対決　　80

盛り上がり必至！ 表現力アップの休み時間

34 モノマネ対決　　82

35 おもしろい言い方対決　　84

36 っぽい言葉対決　　86

37 連想ゲーム対決　　88

38 なさそうである言葉対決　　90

39 カラオケ対決　　92

定番にひと工夫！
アレンジゲームで休み時間

40 2字とり対決　94

41 新・じゃんけん対決　96

42 似ていない絵対決　98

43 条件付きにらめっこ対決　100

44 不美字（美しくない文字）対決　102

45 新・旗上げ対決　104

46 空中腕相撲対決　106

47 新・10回クイズ対決　108

48 新・テスト勉強対決　110

休み時間の基礎知識

休み時間は業間休みと呼ばれることもあり，諸説様々ありますが，ここで言う業間とは「授業と授業の間」という意味。5分という短い時間のものもあれば，20分を超える長い時間のものも。心身をリラックスさせるための非常に重要な時間です。

「休み時間ゲーム」が生み出す3つの場！

■心身のリラックスの場

　授業が楽しみで学校に通う子どもよりも，休み時間を楽しみに学校に通う子どもたちの方が多いのではないでしょうか。なぜか？　理由は単純明快です。特に決められたルールがなく，ありのままの姿で心身を解放させて，気兼ねなく過ごすことができるからです。

　机と向き合わなければならない，用紙に書かなければならない。そんな○○しなければならない時間が1日続けば，ストレスは相当なものでしょう。友だちと昨日の出来事を話す，放課後の予定を立てる，本を読む，趣味の時間に充てる……子どもそれぞれがそれぞれの方法で心身を解放し，リラックスする時間。それが本来の休み時間の目的です。

■把握の場

　「○○さん，今日はとても元気だな。昨日何かあったのかな？」「○○くん

はテンションがやけに高いな。何かあったのだろう」と思ったとしても，授業中に個人のことを追究することはなかなか難しいことです。

　個々の状態や起きた出来事などを把握したり，共有したりするために休み時間を活用しましょう。

　嬉しいことだったり，楽しいことだったりの場合は，和気あいあいとした雰囲気の中でなるべくたくさんの人たちと共有できれば，幸せは何倍にもなって学級に広がることでしょう。

■つながりの場

　休み時間はつながりをつくり出す，生み出す場でもあります。授業中に生み出されたつながりをさらに深める場と捉えることもできるでしょう。つながりは３つの関係を考えるとよいでしょう。

・教師と子どものつながり

　授業中と休み時間の最も大きな違いは，心身共にリラックスした解放された状態で「素」の教師と「素」の子どもとが接せられることです。普段はあまり見ることのできない表情だったり，姿だったりを互いに示し合うことで関係をより深めることができます。

・子どもと子どものつながり

　自ら友だちとつながることができる子どももいれば，なかなかつながることができない子どももいます。教師が子どもたちの間に入って，楽しい活動を共に楽しみながら子ども同士の関係を深めることも心がけましょう。

・個性と学級のつながり

　解放的が故に「素」の子どもの姿，教師の姿を見ることができると前述しました。つまりは，子ども一人ひとりの個性を垣間見ることができると言えるでしょう。見出された個性を学級集団とうまくつなぐことで，子どもにとっても教師にとっても，本当の意味でその学級が心地のよい空間となることでしょう。

ただただおもしろくする休み時間の過ごし方のコツ！

休み時間は，1日の中で子どもが最も好きな時間と言っても過言ではありません。そんな休み時間の過ごし方にひと工夫を加え，より楽しい休み時間にしていきましょう！

みんなが楽しくなる「休み時間の過ごし方」のコツ！

■ゲーム性

　子どもは勝敗を伴うゲームが大好き。休み時間にゲームを取り入れることで，子どもにとって休み時間がより楽しい，魅力的な時間になります。
　一方で，負けたことに対して落ち込んでしまい，後に引きずるなんてことになってしまっては本末転倒です。そこで，休み時間に取り組むゲームで心がけたいことが2つ。一つは「勝っても負けても楽しい！」こと，もう一つは「参加することが楽しい！」ということです。
　「字をより汚く書けた方が勝ち！」「シャーペンの芯を折らずに書くことができた方が勝ち！」いかがでしょう。負けても悔しくない，けれど勝つと何だか少し嬉しくなりませんか。勝っても負けても楽しいゲームで，参加した全員が楽しいと思うことができる休み時間にしましょう！

■多様性

　頭を使った遊びは好きだけど，体を使った遊びは好きではない。ある子は音楽が好き，ある子は物を作ることが好き。子どもの好き嫌いは多種多様，様々です。だからこそ，

・4拍子のリズムに乗りながらの連想ゲーム「マジカルバナナ対決」

（リズム系）

・自分のおススメ本の魅力を語り合う「ビブリオバトル対決」　　（知識系）

・新しいラジオ体操を開発する「新・ラジオ体操対決」　　　　　（体力系）

などジャンルは幅広く，様々なものを用意するようにしましょう。

　また，自分の得意なジャンル，好きなジャンルの遊びが楽しいと思うのは当然のことです。しかし，様々なジャンルのゲームにチャレンジすることで新たな自身の一面が見出される可能性もあります。そのために，ゲームはルールが簡単で，誰もが「できそう！」と思えるものにしましょう！

■協調性

　ゲームに「協調性」の要素を加えてみましょう。つまりは仲間との関わりです。喜びは2倍に，悔しさは半分に。何より，取り組んだ後の人間関係の幅が広がる可能性があります。

　また時間の面から考えても「グループ」の要素は大切です。長い休み時間でも20分前後，短いものでは5分です。その間になるべく多くの子どもたちが参加できるようにしたいもの。そのためには一度にたくさんの子どもが関わることができるような工夫が必要となってきます。

・複数人でもできるゲーム

・複数人いなければできないゲーム

・複数人いた方が楽しいゲーム

　楽しみながら，自分の人間関係の幅も広がったならばこんなに幸せで楽しい休み時間はないことでしょう！

こんな子どもとはこんな休み時間の過ごし方を！

本書で紹介する48手の休み時間の過ごし方。どんな過ごし方があるのでしょう？ 子どものタイプに分けて，おススメの過ごし方を紹介していきます。

48手の「休み時間の過ごし方」！

休み時間をより楽しく，より魅力的にするための過ごし方。子どものタイプによって使いわけすることでより効果的な休み時間になることでしょう。

子どものタイプ	ゲーム
① 新たな一面を開拓 　いつもは真面目な○○さんが……，いつもはやんちゃな○○くんが……そんな子どもたちの意外な一面が垣間見えるかもしれません。	14 トランプあだ名つけ　34 モノマネ 28 バランス　　　　　　39 カラオケ 29 笑いながら怒る　　　43 条件付きにらめっこ 30 ここ動かせる？　　　46 空中腕相撲 31 演技
② 運以外何物でもない！ 　勝つ要素は運のみ。どの子でも気軽に参加でき，楽しむことができます！	4 地図帳　　　　　　9 教科書ここ開いて 5 10秒ピッタリ！　　13 シャーペン折ら 6 どっちの手かな　　　　ずに書けるか

こんな子どもとはこんな休み時間の過ごし方を！　13

③　瞬間の発想力が鍵！ 　蓄えた知識量など関係なし！瞬間の発想力が大切です。	**2** マジカルバナナ　**25** おススメの使い方 **11** 色カード　　　　**26** 正論化 **23** 造語　　　　　　**38** なさそうである言葉
④　仲間と一緒に盛り上がろう！ 　少ない人数でもおもしろい！けれども大人数ならばもっとおもしろい！　学級の協調性や絆を育みます。	**7** 新聞紙ちぎり　　**27** あいうえお話 **8** 消しゴム落とし　**32** 新・ラジオ体操 **12** カード列車　　　**41** 新・じゃんけん **16** 言っちゃだめ　　**45** 新・旗上げ **24** せーの！
⑤　知識で勝負！ 　ゲームなんてと思って冷めている子どもに最適。ザ・知識対決！	**1** 古今東西　　　　**19** なぞかけ **15** 「たしかに。だ　**21** 暗記 　　からですね……」**22** 昨日のニュース **17** アウトナンバー　**40** 2字とり **18** ビブリオバトル
⑥　知識なんて必要ない！　必要なのは勢いだ！ 　知識のある・ないなんて関係ない。その場のノリに乗って，勢いある者が勝ちます。	**3** ダジャレ　　　　**37** 連想ゲーム **10** あだ名つけ　　　**42** 似ていない絵 **20** なりきりインタビュー**44** 不美字 **33** フィンガー　　　**47** 新・10回クイズ **35** おもしろい言い方　**48** 新・テスト勉強 **36** っぽい言葉

ただただおもしろい休み時間ゲーム

48手

休み時間ゲーム **1** 手目

古今東西対決

こんな決まり手！

先生　「今日は『古今東西ゲーム』やりましょうか！」
子ども「では，挑ませていただきます！」
先生　「古今東西！」　　　　　先生・子ども「いぇ〜い！」
先生　「お題は乗り物の名前！」　先生・子ども「いぇ〜い！」
先生　「（手拍子）パンパン　バス」　子ども「（手拍子）パンパン　電車」

注意事項！

- 考える時間は3秒！
  テンポよく進めていきましょう！
- お題は固定せずに色々と変えていこうね！

解説

脈々と受け継がれてきた「古今東西」。"パンパン"の手拍子が教室に一体感をもたらす。

教師は自分の得意なジャンルで，一躍スターに！ 体育会系バリバリの先生が「バロック時代の音楽家……ラモー」なんて言い出すと，「おー」と歓声が起こること間違いなし。

授業で教えた，習った単元をすぐさま「古今東西」のお題に用いることで，復習にも利用することができる。

応用！

■ チームで取り組む

男子対女子，班対抗戦などグループ対決は，参加できる人の数も増え，教室も大いに盛り上がります！

■ マニアなお題

「力士の名前」「○○沿線の駅の名前」などマニア受けしそうなお題は，学級に相撲ブームや電鉄ブームが巻き起こることも。

■ テンポを速める

長くなってきたら，手拍子のリズムを速めていきましょう！ 対決している側だけでなく，観客側の子どもたちも大盛り上がりです！

禁じ手

時間を無制限にして，悩んでいる間の何の音もない状況を生み出してはならない……。

ただただおもしろい　休み時間ゲーム48手

休み時間ゲーム 2 手目　マジカルバナナ対決

こんな決まり手！

子ども「今日は何する？」

先生（あるいは子ども）「（いきなりスタート！）♪マジカルバナナ　バナナと言ったら黄色」

子ども「黄色と言ったら　パイナップル！」

先生（あるいは子ども）「パイナップルと言ったら……あ〜！　思い浮かばない」

子ども「やったー！」

注意事項！

- 一定のリズムで進めていきましょう！
- 周りが嫌になる言葉は控えるようにしよう！

解説

4拍子のリズムに乗りながら、前の人の答えた言葉から連想する言葉を答えていくゲーム。心地よい手拍子と笑い声で教室は大きく盛り上がる。

ルールが簡単で、わかりやすく、一度に参加できる人数も多いので短い休み時間にはうってつけのゲームである。

給食時間に取り組むと、食事が進まないので、給食時間は禁止にした方がよかろう。

応用！

■ まったく違う連想の言葉を返す

「バナナと言ったら　鉛筆」など言葉から全く連想できない言葉を答えていく。簡単そうで難しいという意外性が、盛り上がりを生み出します！

■ ALL　Englishで挑戦！

「If you say banana ♪〜」国際化が進む、いまの時代にピッタリ！

■ 何人つなぐことができるかな？

協力して、何人つなぐことができるのか……勝ち負けではなく、協力・協調性を楽しみます！

禁じ手
誰も何もイメージできない言葉を発する……。

ただただおもしろい　休み時間ゲーム48手

休み時間ゲーム 3 手目　ダジャレ対決

こんな決まり手！

先生　「ふとんがふっとんだー」
子ども「くさがくさい」
先生　「だじゃれを言うのはだれじゃ？」
子ども「うー出てこない……」
先生　「先生の勝ちー！」

ダジャレが出てこなかった方の負け！

注意事項！

- 制限時間を設けて，テンポよく進めましょう！
- マイナスイメージが抱かれるダジャレは禁止です！

解説

　ダジャレは通称「おやじギャグ」とも呼ばれ，ダジャレを言うと，周りは冷たい反応を示すもの。しかし，ダジャレは一説によると平安時代初期には既に存在したとも言われており，立派な伝統芸能なのだ。ダジャレの地位と名誉の回復のためにもこの対決はおススメだ。邪険に扱われているダジャレが主役に。そしてダジャレチャンピオンは学級のスターとなる。授業中のダジャレの使用は禁止。収集がつかなくなる可能性が……。

応用！

■ お題を示す！
　「『あ』のつくダジャレ」・「国名を用いたダジャレ」等，お題を示しクイズ的な要素も取り入れてみよう！

■ 3つの同じ言葉が入ったダジャレに挑戦！
　ここまでいくともはやダジャレではなく，芸術の域です！

■ English ダジャレ対決！
　「これは机デスク（です）！」「チョークでいたずらなんかして。おチョク（ちょく）ってんのか！」英語を用いてダジャレ界の最先端を行こう！

禁じ手

チビがちびっと漏らしてしまう等の身体的なダジャレは NG……。

ただただおもしろい　休み時間ゲーム48手

休み時間ゲーム 4 手目　地図帳対決

こんな決まり手！

先生　「地図帳持っておいで〜。今日は地図帳対決しようか！」
先生　「では……チリ！」
子ども「はい！　チリ〜ここ！」
先生　「正解！　第2問……」

問題を続けて出していき，時間内に一番獲得したポイントの高い人が優勝！

注意事項！

- 中学年は都道府県，高学年は市町村など内容は子どもの実態に合わせて！
- どこかがわかるように指で場所を示すようにしましょう！

解説

　中学年になれば補助教材として必ず与えられる『地図帳』。一年間使わないまま終わってしまう……なんて経験はないだろうか。

　「地図帳対決」は読んで字の如く，主役は地図帳。書かれている都道府県名や市町村名，国名や都市名を探すだけのゲームであるが……すごく盛り上がってしまう。

　先生の話そっちのけで，地図帳を食い入るように見る子どもが授業中に続出する可能性が。注意されたし。

応用！

■ 海や山などの自然にも目を向けて！
　国や都市ばかりでなく，山地や湖，海なども含めて問題を出題しよう！

■ ○○ランキングを活用する
　みかんの生産第2位は？　カカオ豆の生産第1位の国は？　など地図帳に掲載されているランキングを対決に活用してみよう！

■ ピンポン！　をひと工夫
　早押し問題の醍醐味。ピンポン！　一方の手で机を叩き，叩いたと同時に頭に当てている片方の手を立てて，ピンポンと言ってみよう！　これだけで爆笑必至！

禁じ手

アメリカ合衆国や大韓民国などあまりに有名な国は全員がほぼ同じタイミングで挙げるので，注意を……。

ただただおもしろい　休み時間ゲーム48手　23

休み時間ゲーム 5 手目

10秒ピッタリ！ 対決

こんな決まり手！

先生　　「10カウント対決！　では先生から……お，出ました9.4！」
子どもA「では次は私ね。……あー 10.5」
子どもB「次は僕ね。……やった！　9.1」
　　（他の子どもたちも次々とチャレンジ！）
先生　　「今日は0.1の差を出したCくんの勝ち！」

注意事項！

- 1回の対決につき，チャンスは1人1回！
- ランキング表などを作って残しておくと，ますます盛り上がります！

解説

　誰もが一度はしたことがあるであろう「10秒ピッタリ！」。自分の体内時計がどれだけ正確であるかを試すゲーム。

　気楽に参加でき，準備物もストップウォッチのみ。遅過ぎても，速過ぎても，惜しくてもどんな結果でも，なにかしらのリアクションが生まれるのもよきところ。

　あまりに10秒に敏感になり過ぎて，「授業終わり10秒前〜！10・9・8・7……」なんて言葉を子どもが発し出したら，すぐにゲームを制限されたし。

応用！

■ 相手が条件を１つ加える

　スクワットをしながら，歌を歌いながらなど相手が正確に測りにくくするための条件を１つ提示してもよいことにする。

■ 大勢で一斉に！

　自分が10秒と思うところで，手を挙げていき，一番近い人がチャンピオン！　目をつぶった集団が順々に手を挙げていく光景がおもしろい！

■ 10秒ピッタリになるもの！

　「チェリーの１節を歌い切ったらちょうど10秒です！　いきます！」それぞれの10秒の体内時計。ただただ興味深々です！

禁じ手
周りが教える，周りをうかがう行為……。

ただただおもしろい　休み時間ゲーム48手　　25

休み時間ゲーム 6 手目　どっちの手かな対決

こんな決まり手！

先生　「（消しゴムを手の中に入れて）はいどっち？」
子ども「うーん……こっち！」
先生　「ハイ残念！」
子ども「では交代。（消しゴムを手の中に入れて）どっち？」
先生　「こっち！」
子ども「正解……負けた」

注意事項！

- 消しゴムが見えないようにしっかり隠そう！
- 周りの子たちが正解を教えないようにしてね！

解説

　用意する物は消しゴム1つ。ルールも簡単で，手軽に盛り上がってしまう。手の握り方加減や表情，又は質問に答える姿から消しゴムを握っている手を推理せよ。

　どんな子どもでも気軽に参加できる。子どもたち同士で競い合わせ，推理王を決めるのもよいだろう。

　ゲームにはまり過ぎて，消しゴム本来の使用方法を忘れる可能性も。注意されたし。

応用！

■ 右？　左？　持ってない？

　持っていない，もしくは両方の手に持つのもOKにすることで，選択の幅が広がり，盛り上がり必至！

■ シンクロ対決!?

　複数人で同時に行う。左右どちらかの手に消しゴムを持った状態で，手を前に出す。「せーの」で何人同じ手に持っているかを競う。チーム意識も生まれ，盛り上がります！

■ 消しゴム以外のモノを持つ

　何が入っているかを当てる。栗など，チクチクした物は盛り上がる！

禁じ手

相手の手を取って振ったり，耳元に持ってきて音を聴いたりしてはならない……。

ただただおもしろい　休み時間ゲーム48手

休み時間ゲーム 7 手目　新聞紙ちぎり対決

こんな決まり手！

先生　「新聞紙がたまってきたので，『新聞紙ちぎり対決』やろうか！」
子ども「やりま～す！」　先生　「よういスタート！」
　　（ちぎる。制限時間は2分）
先生　「さぁ長さを測りましょう！……○m○cmでAさんの勝ち！」
子どもA「やったー！」

注意事項！

- 家庭にある不要な新聞紙を持ってきてもらおう！
- 使用後の新聞紙の再利用について計画を立てておきましょう！

解説

　読み終わった新聞紙を捨ててしまうのはもったいない！　習字の硯を拭く際に，掃き掃除の際に，そして遊ぶ際に活用できるのだから。
　新聞紙ちぎり対決は，そんな新聞紙を活用した代表的な遊び。1枚の新聞紙をちぎり，制限時間内に誰が一番長くちぎれるかを競うもの。
　長くするためには，細く。でも，細く丁寧にちぎり過ぎると制限時間に間に合わない。その絶妙なバランスを楽しむ対決だ。
　終了後の新聞紙は掃除に活用するなどすると環境にも優しい！

応用！

■ ちぎり絵対決！
　お題に示されたものを，新聞紙をちぎって表現する対決！　手先の器用な子が大活躍！　芸術的な作品が生まれる可能性も！

■ ちぎり字対決！
　お題に示された「ひらがな」を新聞紙をちぎって表現する対決！　優勝した文字であいうえお表を作るのもおもしろい！

■ ただただ小さくちぎろう！
　制限時間内にただただ小さくちぎった方が勝ち。やっている最中の静寂からは想像できないぐらい，心の中は盛り上がっています！

教室がただただ汚れる……。

ただただおもしろい　休み時間ゲーム48手

休み時間ゲーム 8 手目 消しゴム落とし対決

こんな決まり手！

先生　「先生特製の消しゴムだぞ！」
子ども「わ〜つよそう……」
先生　「それ！」（ギリギリで落ちない）
子ども「次は私ね！ それ！」（あっけなく落ちる）
先生　「あらららら……」

注意事項！

- 人やものなど消しゴム以外をねらってはいけません！
- 対決のために新しく消しゴムを買ってはいけません！

解説

　自分の消しゴムで相手の消しゴムを弾き飛ばし，机から落とすというゲーム。弾き方や当て方等が重要となってくるので，必ずしも力の強い子ばかりが活躍すると思ったら大間違い。

　小さな消しゴムは力はないが，当たりにくいというよき面が。大きな消しゴムは力はすごいが，コントロールしづらいという面が。色々な消しゴムで取り組んでみるとよいだろう。

　技を磨こうと，授業中に練習をし出す可能性があるので注意！

応用！

■ チームで取り組む

　男子対女子，班対抗戦などグループ対決にすることで，参加できる人の数も増え，教室も大いに盛り上がります！

■ ○○部門対決！

　重さでミニマム級，フライ級，バンタム級などの階級ごと分けて対決！果物や乗り物消しゴムなどの"おもしろ級"は予測不能で盛り上がります！

■ 消しリンピック開催！

　飛んだ距離を競う「弾き幅跳び」，的まで何打で入るかを競う「ゴムルフ」など様々な大会を開催することで，活躍する消しゴムの幅が広がります！

禁じ手

消しゴムは弾くのであって，決して投げるようなことはしないように……。

ただただおもしろい　休み時間ゲーム48手

休み時間ゲーム 9 手目　教科書ここ開いて対決

こんな決まり手！

先生　「（教科書をいきなり開く）どこのページ？」
子どもA「なにか大きな写真があったな」
子どもB「はい！　○ページです！」
先生　「正解！」　子どもB「やったー！」

示したページを早く見つけることができた方の勝ち。

注意事項！

- ページ数が見えないようにしましょう！
- 慣れない間は，写真やイラストなど目印となるものが多いページを示しましょう！

解説

　教科書を開くという行為に拒絶反応を示す子どもはいないだろうか。「教科書ここ開いて」に取り組むと，あら不思議。教科書を開くことに対して抵抗がなくなるどころか，ありとあらゆるページを真剣なまなざしで読むようになる。中にはイラストやグラフを示しただけで，どこの単元かがわかる子どもも。

　授業中，学習している教科と違う教科書を開いている子どもがあちらこちらに出没するのでご注意を！

応用！

- **示す時間を1秒にする**
　情報が少なければ少ないほど，焦りが増し，間違いが増え，盛り上がる！

- **3ヒント形式にする**
　ヒント①「おじさんが耕しています」等，出題者側がそのページに関するヒントを3つ出していく。推理要素も入り，盛り上がります！

- **読んでいる文章が書かれたページを探す**
　遊びながら聞く力も高まり一石二鳥！

禁じ手
示す時間が長すぎる，短すぎる……。

定番　もの遊び　頭を使って　アクティブ　表現力アップ　アレンジ

ただただおもしろい　休み時間ゲーム48手　33

休み時間ゲーム 10 手目 あだ名つけ対決

こんな決まり手！

先生　「ふさわしいあだ名をつけてよ！　ではこの人！」
子どもＡ「信長の"のぶ"を取ってのぶりん！」
子どもＢ「ぽう！　鉄砲を使ったもん！」
　　（大爆笑）
先生　「Ｂの勝ち！」
ただただおもしろいあだ名をつけた方の勝ち！

注意事項！

- その人物が傷つくようなあだ名はだめですよ！
- 長考は控え，テンポよく答えるようにしましょう！

解説

「あだ名つけるのうまいな〜」と思う人間は，昔もいまも学級に一人や二人いるもの。そんなあだ名つけ名人が活躍するのが，この"あだ名つけ対決"です。

あだ名は，つけられた相手が喜ぶというのが大前提。くれぐれも人が傷つくようなあだ名をつけるようなことはしないように十分な指導を。

テストで歴史上の人物をあだ名で記入する可能性あり。テスト前には一言注意されたし。

応用！

■ イラストにあだ名

写真ではなく，教科書の挿絵，イラストにあだ名をつける。イラストが印象強く頭に残り，勉強がはかどる可能性も！

■ 見た目禁止

見た目ではなく，その人物の取り組みや性格にあったあだ名をつける。その人物がどんなことに取り組んだか勉強しなければ答えらえない！

■ 写真を見て一言

人物の写真を見て，その人物が何を話しているのかを想像して答える。色々な答えが生まれ，盛り上がること間違いなし！

禁じ手
あだ名ではなく，悪口にならないように……。

休み時間ゲーム 11 手目

色カード対決

こんな決まり手！

先生　　「色カード対決するよ。では先生から。（カードをめくる）青！」
子どもＡ「（カードをめくる）黄！」
子どもＢ「（カードをめくる）赤！」
先生　　「（カードをめくる）黄！　あっ……」
子どもAB「やったー！」

注意事項！

- めくったら１秒以内に答えてね！
- カードはパウチする等して，丈夫にしておきましょう！

解説

　UNOのような形で色カードをめくっていき，めくって出たカードの色を言うゲーム。これだけではあまりに簡単。そこでひと工夫。赤は「あお」，青は「き」，黄は「あか」と実際の色と異なる色の名前を言わなければならない。このルールがたくさんのミスを誘発させ，教室が笑いに包まれる。

　ゲームに慣れると，実際の生活の場面でも色を言い間違えるという子どもが続出する。くれぐれもご注意されたし。

応用！

■ 英語で！

　同じルール。すべてを英語にチェンジするだけ！　Let's Enjoy！

■ 様々なジャンルで！

　動物編，アニメキャラ編など様々なジャンルのカードを作成することで，参加したいという子どもの意欲を掻き立てましょう！

■ 2周目から組み合わせを変える！

　慣れてくると失敗が減って，盛り上がりも下降気味に……。そこで1周目の赤は「あお」，2周目の赤は「き」などと1周ごとに色の組み合わせを変えてみましょう！　ハラハラドキドキ感が増し，大いに盛り上がります！

禁じ手

カードの種類が多すぎると，続かない。
ただただ盛り下がるゲームに……。

ただただおもしろい　休み時間ゲーム48手

休み時間ゲーム 12 手目　カード列車対決

こんな決まり手！

先生　「カード列車対決やるよ！　それぞれのカードの端に並んで」
チームＡ「負けないよ！」　チームＢ「負けないぞ！」
先生　「今日は動物の名前でいくよ！　よういはじめ！」
　（端から順に）犬，猫，クマ……（相手とぶつかったら）「じゃんけんぽい！」
　（相手陣地の最後のカードにたどり着いて……）「じゃんけんぽい！」
チームＡ「やったー！」

注意事項！

- 数種類のカードを作っておきましょう！
- チームの子が教えても構いません！

解説

　カードを一列に並べ、カードの端に2チームが並ぶ。お題に沿った形で、カードを指さしながら、答えていく。相手チームとぶつかったところでじゃんけんをする。勝った方は、そのまま進んでいき、負けた方は次の子どもがはじめのカードから再スタート。このやり取りを繰り返す。

　たくさんの子どもが一度に参加でき、内容も難しくないので、学級全員を巻き込んで取り組んでみるとよいだろう。

　カードの種類が少ないと、すぐに飽きる。気をつけたし。

応用！

■ 英語版

　カードに示された絵の名前を英語で答えてみよう！　楽しみながら英単語も覚えられます！

■ 計算版

　たし算、ひき算、かけ算、わり算色々な計算カードを用意しましょう。楽しみながら、計算力がしっかりとつきます！

■ 国旗版

　国旗カードを並べ、国名を答えていく。楽しみながら、国名も覚えられます！

禁じ手
焦り過ぎて、カードが落ちまくる……。

ただただおもしろい　休み時間ゲーム48手

定番
もの遊び
頭を使って
アクティブ
表現力アップ
アレンジ

休み時間ゲーム 13 手目
シャーペン折らずに書けるか対決

こんな決まり手！

先生　　　「シャーペン折らずに書けるか対決やるよ！」
子どもたち「やるー！」
子どもA　「では僕からね。（ワンプッシュの後『あ』と書く）」
子どもB　「次は私ね。（ワンプッシュの後『い』と書く）」
先生　　　「次は先生だね。（ワンプッシュの後『う』と書く。芯が折れる）」
子どもたち「やったー！」

注意事項！

- ある程度芯を出した状態からはじめましょう！
- 画数の少ない字の方がよいです。ひらがながおススメ。

解説

　シャーペンは禁止，持ってきてはいけませんという学校は多いのではなかろうか。禁止の諸説は様々であるが，シャーペンの芯は細く，小学生段階では芯を折らずに書くことは難しいからという説が有力である。
　この対決を通してシャーペンの使いにくさを体験するとよいだろう。それも楽しみながら。
　上達し過ぎて，シャーペンの方が使いやすいとならぬように……。

応用！

■ かすかすマジックで書けるか対決
　もうほとんどインクの出ないマジックを活用して取り組む。最後まで使い切り，環境にも優しい取り組みに！

■ 制限時間でひらがなどこまで書けるか対決！
　芯を同じ長さ分出し，50音順に書いていく。制限時間内に芯を折らずにたくさん書いた方の勝ち！　折れる折れないに教室は大盛り上がり！

■ 相手の似顔絵を描く対決！
　芯を同じ長さ分出し，相手の顔を描く。芯が折れる，もしくは似てなかった方が負け！

禁じ手

芯が出てない状態からはじめる。
終わらない……。

ただただおもしろい　休み時間ゲーム48手

休み時間ゲーム **14** 手目

トランプあだ名つけ対決

こんな決まり手！

先生　　　「トランプあだ名つけ対決やろうか！」
子どもたち「やりまーす！」
先生　　　「では，先生から。ひげもじゃ」
子どもA　「（ハートのクイーンを指差し）姫」
子どもB　「（スペードのキングが出た！）ひげもじゃ！」

注意事項！

- 誰が一番早く答えたかがわかるように審判をつけましょう！
- トランプとはいえ，傷つくようなあだ名はいけません！

解説

　トランプの新しい遊び。♣♡◇♤のJ〜Kの絵札×2セットを裏向けの状態で中央に置く。順番にトランプをめくっていき，めくったカードの絵柄にあだ名をつけていく。

　あだ名がついたカードが出てきた時には，そのあだ名を思い出し，あだ名を大きな声で発する。一番早く答えられた人の勝ち。

　坊主めくりのようなドキドキ感がたまらないのであるが，そのドキドキ感で心臓が止まるようなことがないように注意されたまえ。

応用！

■ 数字の札の活用

　絵札だけでなく，数字の札にもあだ名をつけましょう。一気に難易度が増し，ドキドキ感も最高潮に！

■ 歴史の人物カードの活用

　社会科の資料集の後ろについてくる人物カードを用いましょう！　あまりのおもしろさに一大ブームになりますよ！

■ 九九カードの活用

　九九カードを活用してみましょう！「2×2」のカードは史郎さん，「3×3」はオールスターズなど，ネーミングセンスも問われます！

禁じ手

ゲーム感覚で友だちにあだ名をつける……。

ただただおもしろい　休み時間ゲーム48手

休み時間ゲーム 15 手目　「たしかに。だからですね……」対決

今日は暑いね！

たしかに。
だからですね……

こんな決まり手！

先生　「会話対決やろうか。今日は『たしかに。だからですね』ね」
先生　「今日は暑いね」
子ども「たしかに。だからですね……今日は水筒を持ってきました」
先生　「たしかに。だからですね……みんな休み時間が終わってもなかなか席に着きませんでしたね」
子ども「たしかに。だからですね……」

会話を続けることができなかった方の負け……。

注意事項！

- ちょっと待って！　はアウトです。
- 嘘はいけません！

解説

　子どもも大人も話すことが苦手という人は多い。会話は場数とトレーニングで上達する。この対決は楽しいはもちろんのこと，楽しみながら"話術"を鍛えることもできるのだから，一石二鳥だ。

　相手の言ったことを認め，そのことに価値づけして返す。簡単なようで，これがなかなか難しい。会話のラリーが長く続くほど，教室が盛り上がる。

　話術の上達は，言い訳の上達にもつながってしまう。気をつけたまえ！

応用！

■「たしかに。しかしですね……」
　逆接の文で返しましょう。「ああ言えばこう言う」子どもが増えます！

■ 相手が話した最後の単語を引用して，会話を続ける
　「今日は暑いですね。」「暑いですね。このままいけば60度くらいになるんじゃないですか」「60度といえばね……」どこまで続くか，お試し下さい！

■ わがまま会話
　「今日は暑いですね」「昨日ペットを飼いました」「私は甘い物が好きで……」会話の不成立にただただ盛り上がります！

元々よくしゃべる子どもたちと取り組む……。

ただただおもしろい　休み時間ゲーム48手　45

休み時間ゲーム 16 手目 言っちゃだめ対決

こんな決まり手！

先生　「言っちゃだめ～やろうか！」　子どもA・B「やりま～す！」
　　　（相手に言ってほしい言葉を書いて，それぞれのおでこに貼る）
先生　「では開始！」
子どもA「もう夏休みやね。夏休みどこか行くの？」
子どもB「海かな」
子どもA「やった！　言ってほしかった言葉は『海』」

注意事項！

- 時間制限をしておいた方がいいでしょう！
- マイナスイメージを抱かれる言葉はいけません！

解説

相手に言わせたい言葉をどのように引き出すか。「○○を言ってくれ！」と直球で攻めるのか，また直球と見せかけて変化球を投げるのか……この"駆け引き"のドキドキ感がしている側も，見ている側も癖になってしまう。

相手の裏をかくことばかり考えてしまうと，日常会話でも相手のことを疑ったりしてしまうようになる。繰り返すと人間不信にもなりかねないので，やり過ぎには注意を。

応用！

■ 複数人で！
　誰を陥れるのか，また陥れられようとしているのかなど考えを張り巡らせながら……あっという間に休み時間が終わってしまいます！

■ 言ってほしい言葉を3つ以上書いてもよいことにする
　決着がつきやすくなり，対決数を増やすことができます！

■ 言わせたい言葉を当てる！
　おでこに貼られた言葉がわかっても勝ち！　というルールを加える。直球の攻撃が減り，ますます対決は難解なものに！

禁じ手

相手が傷つく，聞いている人が傷つくような言葉を言わせる……。

ただただおもしろい　休み時間ゲーム48手

休み時間ゲーム 17 手目 アウトナンバー対決

こんな決まり手！

先生　「アウトナンバー11対決するよ」
先生　「1・2・3」　　子ども「4・5・6」
先生　「7」　　　　　子ども「8」
先生　「9・10」　　　子ども「11……」
先生　「よっしゃー！　勝ち！」

ナンバーは色々と変えていくとよいでしょう！

注意事項！

- 数字が大きくなりすぎると，対決数が限られてしまいます！
- 長考は禁止！　テンポよく進めましょう！

解説

　1つ以上3つ以内の数字をお互いに言っていき，決められたナンバー（アウトナンバー）を言ってしまった方の負けというゲーム。

　アウトナンバーを固定化すると，法則を見出す者が出てきて，その者の独壇場となるので，アウトナンバーの数字はその都度変えることをおススメする。

　声に出さずとも，書いて取り組むこともできるので，つまらない授業だとあちらこちらでこの対決がなされる可能性大！

応用！

■ ○○といえば対決！

　指定された数字のイメージに合うものを答えるゲーム。先に答えられた方が勝ち！　イメージに全く合わない答えが生まれ，一同大爆笑！

■ いっせーのーで対決！

　いっせーのーで，で参加者が指を立ててその数を当てた人の勝ちというゲーム。駆け引きを必要とし，盛り上がること必至！

■ 動物の足たし算ゲーム！

　「象＋ツル＋タコ」「14！」言われた各動物の足の数を合わせた数を先に言った方が勝ち！　これが意外に盛り上がる！

禁じ手
アウトナンバー1000！　終わらない……。

ただただおもしろい　休み時間ゲーム48手

休み時間ゲーム 18 手目　ビブリオバトル対決

こんな決まり手！

先生　「では本日はしっとりとビブリオバトルといきますか」
子ども　「では私から。みなさんの目の前に怪盗が現れたら……（略）……」
子ども　「そんなみなさんにおススメな本がこれ」
先生　「次は先生ね。先生のおススメ本はずばりこれ！……」
決着は聴衆の多数決。読みたくなった本の方に手を挙げてもらいます！

注意事項！

- 時間は1人1分30秒以内！
- 伝記，物語，図鑑などジャンル毎で勝負した方がよいでしょう！

解説

　お気に入りの本，友だちに読んでほしい本というのが1冊や2冊あるだろう。自分のお気に入りの本を思う存分，友だちに薦められる場がこの「ビブリオバトル対決」だ。

　限られた時間の中で，いかにしてその本の魅力を紹介できるか。構成力，話す力も身につけることができる。

　おススメしたい本を大量に持ってきて，肝心の教科書を忘れた！とならぬように。

応用！

■ 同じ本でビブリオバトル！
　どっちが魅力的にその本を紹介できるかを競い合う。同じ本が好きな者同士，バトルの後に，友情が芽生えます！

■ 音楽バージョンも！
　本は苦手……でもおススメの音楽はたくさんある！　活躍する子どもの幅が広がります！

■ おススメ本を並べて魅力的な学級文庫に！
　学級の子どものおススメ本（チャンプ本）を並べて，魅力的な学級文庫を作ろう！

禁じ手
時間無制限。1人の単なる本紹介で終わってしまわないように……。

ただただおもしろい　休み時間ゲーム48手

休み時間ゲーム 19 手目　なぞかけ対決

こんな決まり手！

先生　「なぞかけやろうか！」
子ども「やります！　好きな人とかけまして嫌いな人とときます」
先生　「その心は？」
子ども「どちらも『はなしたくない』でしょう！」

言えなかったり，審判の判断で勝敗が決まる！

注意事項！

- 制限時間を設けて，テンポよく進めましょう！
- 「その心は？」は周りにいる子，全員で言い，盛り上げましょう！

解説

　なぞかけとは，一種の言葉遊びであり，その歴史は長く，江戸時代ぐらいには既に存在していたという。現代でも大喜利などにおいて，落語家などがしばしば披露することも多い。

　「○○とかけて△△と解く。その心は××」○○と△△という一見何の関係もなさそうなものを提示し，共通点として××を示すといったもの。楽しみながら，柔軟性や発想力が鍛えられるという一石二鳥な対決。授業に取り入れるのもおもしろいだろう。

応用！

■ お題を共通！

　かけるものを同じにすることで，発想の違いが明確となり，盛り上がる！

■ 「○○とかけて何とといたら××になるでしょう？」クイズ対決！

　なぞかけを考えるのではなく，なぞかけを題材としたクイズ対決！　難易度も低く，たくさんの子どもが参加しやすくなる！

■ 2つの場面。共通する言葉を答えましょう対決！

　2つの異なる場面の写真を見せる。場面の人物のセリフは同じ文字が入る。なにかを当てる。

　例：新幹線のアイスを買った子どもと難しい問題に頭を抱える子どもが発したセリフ→「全然，とけない……」

禁じ手

やり過ぎて，仕草やたたずまいがおじいちゃん，おばあちゃんにならないように……。

定番

もの遊び

頭を使って

アクティブ

表現力アップ

アレンジ

ただただおもしろい　休み時間ゲーム48手　53

休み時間ゲーム 20 手目
なりきりインタビュー対決

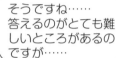

こんな決まり手！

先生　「イチロー選手！　長くプレーできる秘訣は何ですか？」
子どもA「毎日地道にコツコツ小さなことを積み重ねることです」
先生　「ではこちらのイチロー選手はいかがですか？」
子どもB「毎日ご飯を食べずに，スナック菓子を食べることですね」
先生　「そんなことイチローが言うわけない！　Aの勝ち！」

注意事項！

- 言っている内容だけではなく，雰囲気も含めて評価しましょう！
- 取り上げる対象はみんなが知っている人を選ぶようにしましょう！

解説

「もしも○○がこの教室にいたら，どんなことを話すだろう？」織田信長だったら，ドラえもんだったら……そんなことを考えたことはなかろうか。そんな夢を実現させてくれる対決が「なりきりインタビュー」である。ゲームは突然はじまる。考える時間を与えないことでおもしろ回答が生まれるのだ。

ただし，思想家や宗教家を取り扱うのは注意。嫌な想いをする子どもが出てくる可能性があるので，控えた方がよかろう。

応用！

■ 取り上げる対象が動物

喜びや悲しさを表情と鳴き声だけで表現しなければならないので難しいが……盛り上がること間違いなし！

■ 取り上げる対象が外国人

喜びや悲しさを表情とそれっぽい○○語だけで表現しなければならないので難しいが……盛り上がること間違いなし！

■ インタビュアーも子ども

インタビューの内容はとても重要で，意外と難しい。インタビュアーを子どもに経験させることで，話し上手な子どもに育つこと間違いなし！

禁じ手

インタビュアーの質問が外国語もしくは動物の鳴き声。質問の意味が通じないと何もおもしろくない……。

ただただおもしろい 休み時間ゲーム48手

休み時間ゲーム 21 手目 暗記対決

こんな決まり手！

先生　「では社会の教科書24ページ。暗記よういはじめ！」
　　　（1分経過）
子どもA　「私からいくね。『平成24年の国内の自動車生産額は……』」
子どもB　「では，『平成25年……』あっ！」
一同　「そこ間違うか！（大爆笑）」

注意事項！

- 子どもの実態に応じた内容，時間を設定しましょう！
- 発表する時は，静かに。がんばりを称えるようにしましょう！

解説

　暗記はめんどくさい。暗記をしなければと思うと憂鬱になるということはなかろうか。しかし，テストで得点を取ろうと思うのならば暗記という行為は必要不可欠。この対決はいかに早く，正確に覚えられるかが全て。この対決に挑むごとに，要領のよい暗記法や自分なりの暗記法を見出すことができる。

　暗記さえしておけばテストで点が取れる！　だから授業は聞かなくても大丈夫だ。と子どもが思わないように……注意されたし。

応用！

■ セリフ対決

　物語のセリフだけを暗記し，暗記したセリフを交互に言っていく。順番が違い，突拍子もないストーリー展開に大爆笑必至！

■ 似顔絵対決

　教科書に描かれた挿絵やイラストを暗記し，紙に描いていく。より似ている方の勝ち！

■ 覚えていて損をしない題材の活用

　日本国憲法前文，民法，商法，刑法……政治家，弁護士，警察官が学級から多数輩出されるかもしれません！

禁じ手

暗記の制限時間を設けない。
対決しなければ，ただの暗記……。

ただただおもしろい　休み時間ゲーム48手

休み時間ゲーム 22 手目
昨日のニュース対決

昨日の○○大臣の不適切発言……

へー。僕はメジャーリーグ……

こんな決まり手！

先生　「ではいきましょう！　昨日のニュース対決！」
子どもＡ「私は昨日の○○大臣の不適切発言……」
子どもＢ「僕はメジャーリーグ。○○選手大活躍……」（繰り返す）
子どもＡ「あ〜！　もうネタがない……」

語ることのできるニュースがなくなった方が負け。

注意事項！

- 周りがコメントに困るようなニュースばかりにならないように！
- 命に関わるニュースについての配慮は十分に！

解説

　昨日あったニュースをただただ伝え合うだけの単純なゲーム。繰り返すことで子どもたちのニュースへの関心やニュースの見方がどんどん高まっていくという何ともお得なゲーム。

　スポーツ，芸能，気象，政治……語るニュースの内容でその子どもの性格や家庭背景までも覗けてしまう。

　不倫や離婚ばかりで埋め尽くされる休み時間にならないように注意すべし……。

応用！

■ 相手がキーワードを提示して，キーワードにまつわるニュースを答える

　「パンダ！」「あっ知ってる！　南紀白浜……」「すごい！　正解！」繰り返すことで，ニュースへの関心がすごく高い学級になります！

■ カテゴリーを限定する

　事件，スポーツ，地元……ジャンルを絞ることで対決の回転数を増やし，たくさんの子どもが参加できるようにしましょう！

■ ○○ニュース対決！

　あったらいいなぁニュース対決，みんなが驚くニュース対決など自分たちで"嘘"ニュースを作って対戦するのもおもしろいですよ！

禁じ手

みんなが暗くなってしまうようなニュースばかりにならないように……。

ただただおもしろい　休み時間ゲーム48手

休み時間ゲーム 23 手目

造語対決

こんな決まり手！

先生　「今日は気楽に『造語対決』でいきましょうか」
先生　「（ボールペンの押す所を指して）ここは？」
子どもA「カチ。カチッとなるから」
子どもB「オレ。凹んでもすぐ戻ってくるから」
先生　「斬新さでBの勝ち！」

注意事項！

- マイナスなイメージを連想させる言葉の使用は控えましょう！
- 長考は周りの期待値を高めてしまいます。テンポよく進めましょう！

解 説

　「この名前，何と言うの？」小さい子どもが決まって発する言葉。電車やバス等，名前があるものなら答えられるのだが……視力検査の際に用いられる記号，お弁当の中に入ってる緑色のもの，フランクフルトについてくるケチャップの容器……。知らない，わからないでは聞いた側も聞かれた側もモヤモヤが残ってしまう。そこで，全てのものに名前をつけてしまおうではないか，しかも楽しみながらというのがこの対決。

　つけた名前を学級以外で使用することは控えたし。

応 用 ！

■ ものの名前だけでなく現象にも名前を

　チャイムが鳴る前のソワソワ感，炭酸飲料をよく振って開けた時の爆発など……色々な現象にも名前をつけて，盛り上がりましょう！

■ これ実は名前がある

　名前がついているのに，あまり知られていない物や現象の名前をクイズにする！　ただただタメになる休み時間に！

■ お悩み相談

　名前をつけてほしいものや現象についてみんなで考える。採用者にはシール１枚などご褒美を授けよう！

禁じ手

友だちの名前を用いる。
友だちが傷つく可能性大です……。

ただただおもしろい　休み時間ゲーム48手　61

定番

もの遊び

頭を使って

アクティブ

表現力アップ

アレンジ

休み時間ゲーム 24 手目
せーの！ 対決

こんな決まり手！

先生　「せーの！　対決するよ」
子どもAB「やるー！」
先生　「『夏』といえば？　せーの！」
子どもA「海！」　子どもB「かき氷！」
先生　「Not match！」

何人，もしくは何回「Best match！」を得られるかでチャンピオンを決定！

注意事項！

- テンポよく進めて，対決数を増やしましょう！
- お題はガラガラボックスの中から，にしておくと教師も参加できます！

解説

　「せーの！」の掛け声に合わせて，お題に合った名前を答え，その答えがパートナーと合うのかといった単純なゲーム。しかしながら，これが難しいもので，なかなか合うことがない。はじめから Not match！ ばかりだと盛り上がらないので，最初の内は「今日一番おもしろかった授業は？」や「先生が使うことの多いチョークの色は？」など範囲の狭いもので取り組んでみるとよいだろう。
　何度やっても誰とも合わずに，すねてしまう子が出ないように……。

応用！

■ もの Match ！
　お題にあう"もの"を制限時間内に持ってきて Best match！ をねらう！借り物競争的なバタバタ感が教室に勢いをもたらす。

■ ジャンル限定！
　「ジャンルは『国』。熱い国といえば？　せーの！」などジャンルを制限。Best match が増え，盛り上がります！

■ クラスみんなで Best match ！
　学年末におススメ！「○○学級で一番の思い出は？　せーの！」全員一致で感動のフィナーレ！

禁じ手
先生の好きなところは？　せーの！
……ない！

ただただおもしろい　休み時間ゲーム48手　63

休み時間ゲーム 25 手目

おススメの使い方対決

実は，指筋トレゴムなんです。こうやって……

こんな決まり手！

先生 「これは消しゴム。字を消すものです。他の使用方法は？」
子どもA「これ実は，指筋トレゴムなんです。こうやって……」
子どもB「これ実はドミノなんです。粘着性があり，倒れにくくなっているのが特徴です」
（審査）
先生 「10対3でAの勝ち！」

注意事項！

- 身に危険を及ぼす使い方はやめましょう！
- 長考は禁止。
  勢いが名使用法を生み出します！

解説

　テストで答えに困った時，運を天に任せ，鉛筆を転がしたという経験はなかろうか。その瞬間，鉛筆は「くじ運マシーン」へと姿を変えていたのだ。私たちは消しゴムは字を消すもの，鉛筆は字を書くものだといったようにその物の使い方を限定してしまってはいないだろうか。そんな道具の可能性を見出していくのが，このゲームの醍醐味だ。色んな角度からその物を見たいが故に，授業中に集中しない場面が出てくるかもしれない。ご注意を！

応用 ！

■ 評価の際，値段を用いる！

　新たな商品として捉え，値段に示して評価する。高額商品ランキング一覧などを作成すると，ますます盛り上がります！

■ おススメソング！

　おススメくくりで！　こんな気分の時，こんな場面の時の BGM にふさわしいおススメソングを提案し合う。

■ おススメの使い方

　実は消しゴムは縦に向けて消した方が……，教科書を逆さにして読むと賢くなるなど，その物本来の使い方で，別の使い方を提案し合う！　新たな発見も！

禁じ手

友だちの心や身を傷つける使い方の提案はダメ……。

ただただおもしろい　休み時間ゲーム48手　　65

休み時間ゲーム 26 手目 正論化対決

こんな決まり手！

先生　「この対決は曲論を正論化して，相手を納得させる対決だよ」
子ども「ほうほう」
先生　「では，いくよ！『学校にお菓子を持ってこなければならない』」
子ども「『学校にお菓子を持ってこなければならない』は当然です。午後からのパフォーマンスが落ちないように糖分は必須のアイテムです」

相手を納得させた方の勝ち！

注意事項！

- 真ん中に消しゴムを置いて，どちらが解答権を得たのかをはっきりさせるとよいでしょう！
- 命に関する曲論の正論化はいけません！

解説

　「ああ言えばこう言う」子どもって屁理屈好きだと思いませんか。この特性を逆手にとって，ゲーム化したものがこの正論化対決。

　子どもが何故と思っている曲論を正論化してしまおう。シャーペンしか持ってきてはいけない，靴のかかとは踏んで歩くなど。どんな形で正論化されるのか聞いている方も楽しい。

　周りを納得させられたとしても，校則や法的な改定がなされることはないことをおさえておこう。勘違いさせるな！

- 正論を曲論化する！

「忘れ物をしてはいけません！」→「トラブルは突然起こるものです。そのトラブルにどう対応していくのかという訓練のためにも忘れ物は必要です！」

- 日本では正論……外国では曲論！

日本の学校では○○を子どもがするのは当たり前！　ところが外国では○○は業者がします。○○に当てはまる言葉は？　などに答える対決！

- これ正論？　曲論？　どっち？

「男性と女性が別々に披露宴を行う国がある。正論？　曲論？　どっち？」などの問題を１人になるまで繰り返す。聞いている側もただただ勉強になる！

禁じ手　正論化してはならぬものを正論化しないように……。

休み時間ゲーム 27 手目 あいうえお話対決

こんな決まり手！

先生　　「では……」（ガラガラボックスに手を入れる）
先生　　「出ました！『おしるこ』。ではいきましょう！」
子どもA「『お』じさんが」　　子どもB「『し』ごと終わりに」
子どもA「『る』んるん気分で」　子どもB「うーん。出てこない！」
先生　　「この対決Aの勝ち！」
子どもA「やったー！」

注意事項！

- 一定のリズムでテンポよくいきましょう！
- 文脈がないものはアウトです！

解説

おなじみの「あいうえお作文」をゲーム化。指定された単語の各文字を各句の頭文字にして文を作る。

簡単なルールなので，たくさんの子どもが参加することができる。内容を重視する子，その場の勢いで突き進んでいく子。その子の性格が見えてくるのもおもしろいところだ。

対決という形をとらなくてもできるので，話題がない給食時間等はおススメだ！

応用！

■ チーム制

○人組でうまく言葉をつないでいくことができるか。協調性が問われます。できた時の達成感に教室は盛り上がります！

■ 順番バラバラ

指定された単語を頭文字からではなく，順番は自由にする。どの文字は出て，どの文字が出てきていないのかを整理しておく必要があるので難しい！

■ 友だちの名前でその友だちを紹介！

「ひょうひょうと」「のんびりと」「ひょうきんであり」「でもまじめさん」「ゆきのような白い心を持ち合わせる」「出た！　我らの日野英之！」など（笑）

禁じ手
下ネタにはしってはいけません……。

ただただおもしろい　休み時間ゲーム48手

休み時間ゲーム 28手目 バランス対決

「ゆれが止まらない……」

こんな決まり手！

先生　「バランス対決で盛り上がりましょう！　よういはじめ！」
　　　（教科書を頭の上に乗せ，教科書を落とさないようにバランスをとる）
子どもA「なかなかみんなやるね〜！」
子どもB「あ！　落としてしまった！」
先生　「はいそこまで！　残っている人に拍手〜！」

注意事項！

- 相手を押してはいけません！
- ケガ防止のため，周りに物がない場所で行うようにしましょう！

解説

　頭の上の教科書をただただ落としてはいけない対決。教科書を見るのも読むのも嫌！　という子どもたちがニコニコと教科書を持って集まる。

　教科書によって厚さや大きさが異なるため，色々な教科書で試されるとよい。

　「教科書を遊び道具にして遊んでいます！」などの他クラスからの忠告や授業中に机の上ではなく，頭の上で広げたりするようなことがあれば，即刻中止を！

応用！

■ 机の上で！
　教科書を何冊積むことができるのか。積み木感覚で……盛り上がります！

■ 教科書＋条件！
　右足を上げて，目をつぶって！　など。教科書を頭に乗せながら，条件をもう1つ加える。大盛り上がりどころか，大騒ぎ！

■ 冊数も順位決めの要素に！
　制限時間を耐えきった場合は，頭の上の冊数を決め手に！　10冊を超える強者も。もはや大道芸人の域！

禁じ手
教科書の正しい使い方を忘れる……。

休み時間ゲーム 29 手目
笑いながら怒る対決

おい！ お前……なんだよ！

なんだてめぇ！ やんのかよ！

こんな決まり手！

先生　「（表情は笑いながら）おい！　お前……なんだよ！」
子どもA　「（表情は笑いながら）おい！　こっち睨みつけてんじゃねえよ」
子どもB　「（表情は笑いながら）なんだてめぇ！　やんのかよ！」
先生　「さぁでは表情から審査！」
先生　「続いて言葉！……優勝はBさん！」
子どもB「やったー！」

注意事項！

- 汚い言葉が学級で流行しないように注意しましょう！
- 長いセリフは控えましょう！

解説

　某芸能人が広めた伝統芸……笑いながら怒る。そんなの簡単だと思われるだろうが，これが意外と難しいのだ。表情が言葉，言葉が表情を作り出しているということがよくわかることだろう。

　審査が難しい。審査員を表情パートと言葉パートに分け，審査するとよいだろう。

　取り組み過ぎると，自分の感情が何だかわからなくなったり，感情を正しく表現できなくなったりする可能性があるので，注意を。

応用！

■ 怒りながら笑う！

　反対にしただけだが，これが非常に難しい！　できた子は一躍スターに！

■ 上品なたたずまいで少しお下品な言葉を言う！

　目をパチクリさせ，少し内股，手はお膝の上で一言……「う○こ」笑うしかないでしょ！

■ 音読に挑戦！

　感動的な場面のセリフを笑いながら読む，場を和ます場面のセリフを泣きながら読む。ただただおもしろい音読の完成です！

> **禁じ手**
> 家に持ち帰ってまでやらせないように……。
> 指導力が疑われます。

ただただおもしろい　休み時間ゲーム48手

休み時間ゲーム 30 手目　ここ動かせる？　対決

こんな決まり手！

先生　「では先生から。（片眉を上げて）ここ動かせる？」
子ども「（片眉を上げて）できた！」
子ども「では次は私。（耳をぴくぴくさせる）ここ動かせる？」
先生　「う～ん。できない～！」
子ども「やったー！　私の勝ちね」

注意事項！

- 対決の後には，勝った側が動かし方を教えましょう！
- 無理は禁物。動かせないところを無理矢理動かすことはやめましょう！

[解説]

　相手が動かした体の部位を動かすことができるかどうかという極めて単純でわかりやすいルール。これまで明るみになることがなかった，地味な特技が開花することだろう。

　「え……みんなできると思っていたのに」この場を通して自分の特技が見つかることもよくある。積極的に参加を促そう！

　敗者は動かせなかった箇所を一生懸命に練習しようとする。1人の世界に浸らせないように注意せよ。

[応用！]

■「早口言葉」これ言える？　対決

　ルールは同じ。文字通り，体の部位が早口言葉に変わるだけ。口を動かすことは表情筋を鍛えることにも。休み時間がニコニコ笑顔に包まれます！

■この音出る？　対決

　体は色々な音を発します。口から，唇から，舌から。ただただおもしろい対決です！

■この技できる？　対決

　自分の特技を披露するチャンス！　一躍スターになる可能性が！

[禁じ手]
見せてはならぬところを動かして見せてはならない……。

ただただおもしろい　**休み時間ゲーム48手**

休み時間ゲーム 31 手目 演技対決

草原で象が
ナンパした！

ぼくのとこ
こないか〜

こんな決まり手！

先生　「演技対決やろうか！　ではいくよ……」
子どもA　「ぼくもやる！」
先生　「『草原で』『象が』『ナンパした』……難しい！」
　　（先生，子ども共に演技）
先生　「先生がうまかったと思う人？……Aがうまかったと思う人？」
先生　「多数決の結果……Aの勝ち！　クソ〜！」

注意事項！

- 1つの演技があまり長すぎないように！
- 照れないことが大切なポイントです！

解説

　子どもは演じるという行為が大好き。授業にも劇を取り入れることで，学びが深まったり，盛り上がりを見せたりする。
　複雑なお題は休み時間という限られた時間には向いていないので，シンプルなものにするのがおススメ。中でも動物ネタは，おススメ。猫が，犬が，キリンが，象が言葉を話すだけで爆笑をもたらす。
　演技がうまくなり，宿題を忘れた際，いけないことをした時の言い訳を見抜けなくなる可能性も！　気をつけたまえ。

応用！

■ 物語教材を用いる！
　「ごんぎつねの第２場面の兵十役で！」
ひとり一人の兵十像の違いに歓声が！

■ 演技クイズ！
　友だちの演技を観て，どこで，誰が，何をしているところでしょうか？を当てるゲーム！　盛り上がります！

■ 無音演技！
　言葉の通り。言葉を発してはいけません！
○○学級のチャップリンは誰だ！

禁じ手
日常生活での演技……。

ただただおもしろい　休み時間ゲーム48手　77

休み時間ゲーム 32 手目　新・ラジオ体操対決

まずは，ウルトラマンが空へ飛び立つような動きで背筋を伸ばす運動から〜

次に，ウルトラマンがビームを出すポーズをしながら片ひざの屈伸をして〜

そして，ウルトラマンの勝利のガッツポーズでワキを伸ばして〜

こんな決まり手！

先生　「テストご苦労さん！　さぁストレッチで身と心をほぐそうか」
　　　（ラジオ体操前奏♪）

先生　「ウルトラマンが空へ飛び立つような動きで背筋を伸ばす運動から〜」
　　　（体操）

子ども「あ〜次が続かない……。私の負けだわ」

注意事項！

- 体操の前にどんな体操なのかを拍に合わせてきちんと説明しましょう！
- パンチやキックなど危険な行為は入れないようにしましょう！

解説

　体力の向上と健康の保持増進を目的とし，昔から国民に親しまれてきた「ラジオ体操」。これを題材とした「新・ラジオ体操対決」を休み時間に取り入れることで，身も心も解放されること間違いなかろう。

　作られた様々な体操を組み合わせて"○○学級体操"を完成させるのもまたおもしろい。

　運動会，間違ったラジオ体操をする披露する可能性大。注意されたまえ。

応用！

■ 説明する人と体操する人を分ける

　1人で2つのことをすることは難しい。役割を分けることでチームの意識も生まれ，盛り上がりも増します！

■ ラジオ体操第2・第3の曲で挑戦

　知らない子どもも多いラジオ体操第2・第3。楽しみながら学ぶことができます！

■ 朝の会で"○○学級ラジオ体操"に取り組もう！

　オリジナルラジオ体操に学級みんなで取り組もう！　朝からテンションも最高潮に！

禁じ手

「まずはう○こをしているポーズから〜」等，ラジオ体操の品格を下げる動き……。

ただただおもしろい　休み時間ゲーム48手　79

休み時間ゲーム 33 手目 フィンガー対決

こんな決まり手！

先生　「今日は久しぶりにフィンガー対決やろうか」
子ども　「じゃあ僕から先行で！……はい！（掌から一瞬だけ指を見せる）」
先生　「いまの指の腹の感じは……薬指！」
子ども　「ブー！　正解は……小指でした」　先生　「では，次は先生ね……」
交互に繰り返し，先に正解した方の勝ち！

注意事項！

- 指を見せる時間が短いと，勘に頼るしかないので，3秒は相手に見せましょう！
- 指の第1関節以上は必ず見せるようにしましょう！

解説

相手の掌から出てくる指がどの指なのかを当てるというごくごく単純なゲーム。地味に思われるかもしれないが，これがなかなかおもしろい。単純なゲーム故に，多くの子どもたちが参加できる。

指の加工は基本的に何をしてもよい。爪に画用紙を貼り付ける，色を塗るなどして，相手を戸惑わせる方法がいくつも出てくる。

これに便乗して，マニキュアなどを塗り出す子どもが続出する可能性も。注意されたし。

応用！

■ 複数の指同時出し！

親指と小指の同時出しは，あまりのバカさ加減に大爆笑必至！

■ 足の指まで登場！

選択肢が20本に広がり，超難問に！　寝転がって足を必死に上げようとする姿に，教室が爆笑の渦に包まれます！

■ フィンガーファッションショー

指にメイクを施す。どの指を当てるのではなく，指が何に変装したのかを当てる。3月にひな人形に変身させた指を示すと「かわいい！」と歓声が上がります！

禁じ手
掌から指以外のものが出てくる……。

休み時間ゲーム 34 手目 モノマネ対決

こんな決まり手！

先生　「（ガラガラボックスに手を入れて）アントニオ猪木！」
子どもＡ「１・２・３・ダーッ！」（拍手〜！）
先生　「（ガラガラボックスに手を入れて）出川哲郎！」
子どもＢ「ヤバいよヤバいよー！」

交互に繰り返し，モノマネできなくなった方の負け！

注意事項！

- ガラガラボックスの中身は定期的に変えましょう！
- 知らない，わからない，はなし！　勢いで表現してみよう！

解説

　モノマネ番組は今も昔も健在。老若男女問わずみんなから愛されるモノマネ。そんな人気のモノマネを休み時間に取り入れて盛り上がろうではないか。

　ガラガラボックスに入っているお題は芸能人・歌手・アニメキャラクター・動物など幅広いジャンルを取りそろえておく。各ジャンルのものまねスペシャリスト決定戦を定期的に開催するとよいだろう。○○先生のモノマネなど先生シリーズは教室内だけで留めておこう。

- **モノマネクイズ！**
モノマネをして，誰のモノマネをしているのかを当てる！

- **日常風景をお題に！**
「缶コーヒーを飲むおじさん」「チリンチリンを鳴らすおばさん」など日常風景をお題に入れておくと，盛り上がること間違いありません！

- **○○な時の動物**
猫の鳴き声は「ニャー」。しかし，怒っている時，嬉しい時，甘えたい時の「ニャー」はそれぞれ微妙に違うはず。その微妙な違いに一同大爆笑！

禁じ手　「○○です！」とモノマネをする人の名前を言ってしまう……。

休み時間ゲーム 35 手目　おもしろい言い方対決

こんな決まり手！

先生　　「おもしろい言い方対決するよ！」
先生　　「(消しゴムを指差して)これは？」
子どもA　「けしごーむーっ！」
子どもB　「けせっごむ！」
先生　　「勝者！　B！」
子どもB　「やったー！」

注意事項！

- 表情で相手を笑わせてはいけません！
- 物の名前の言葉を発してはいけません！

解説

物の言い方には色々な言い方があると、日常生活を過ごしていると思うことがなかろうか？ その言い方の癖が強い人を見ると、思わず笑ってしまうようなことも。

言い方1つ、言い回し1つでおもしろく感じることができることを確認する対決がこの対決だ。

日常の授業で、おもしろい言い方をし出す子どもの拡散を防ぐ手立てを考えるべし……。

応用

■ **全身表現対決**

言い方だけでなく、全身を使っておもしろい言い方、表現法を繰り出す対決！ ただただ盛り上がります！

■ **おもしろい言い方でなにを言っているんでしょうか？ クイズ対決**

「けせごむ」「消しゴム！」出題者側の言い方をただただ楽しむ！

■ **一言対決**

驚いた時の「あ」、忘れ物に気づいた時の「あ」。色々な一言を言い方1つで表現する対決！ 一言から大爆笑が生まれます！

禁じ手

そもそも名前がなにかわからないようなものを指差す……。

ただただおもしろい **休み時間ゲーム48手**

定番 / もの遊び / 頭を使って / アクティブ / 表現力アップ / アレンジ

休み時間ゲーム 36 手目
っぽい言葉対決

こんな決まり手！

先生　「『今日はわたし，鉛筆を5本持ってきたのよ』でいこうか」
先生　「（ガラガラボックスに手を入れて）フランス語！」
子ども「じゃあ僕から。キョウヒャウァタシ，イェンピチュヲ……」
先生　「では。シュビジュビジュババシュババジュバ……」

実際のフランス語を聞いて，似ていた方の勝ち！

注意事項！
- 表情やたたずまいもそれっぽく！
- お題の言葉はシンプルなものの方がよいでしょう！

解説

英語を習っていない幼き頃。英語を話す日本人を見て，憧れを感じ，適当にそれっぽくモノマネをしたという経験はなかろうか。それをそのまま対決にしたのが「っぽい言葉対決」である。外国語にはそれぞれ特徴がある。あまり口を開けない，一音一音をはっきりと言う等。その特徴をいかに掴み，表現することができるかが勝負の分かれ目だ。

おもしろおかしく，大袈裟に取り組むことは大切。しかし，その国の人たちが憤慨するようなモノマネは控えるように心がけたまえ。

応用！

■ 方言っぽい対決

秋田弁，津軽弁，京都弁，大阪弁……各地方にはそれぞれが誇りとする「○○弁」がある。同じ日本なのに……あまりの違いに盛り上がること必至！

■ ○○っぽい対決

赤ちゃんっぽい，まじめくんっぽい，老人っぽい……それぞれの年齢層っぽい言葉を使って話すのもまたおもしろい！

■ どこにもないっぽい対決

はじめの音や語尾を上げたり，下げたり……。自分だけのオリジナルイントネーションをつくり出してみましょう！

禁じ手
提示された言葉が長すぎる……。

休み時間ゲーム 37 手目 連想ゲーム対決

こんな決まり手！

先生 「タコ！」 子ども「ぬるぬる！」
子ども「象」 先生 「パオーン！」
先生 「キリン」 子ども「首が長い！」
子ども「宝石」 先生 「うっ……」
子ども「やったー！」

言葉につまったり，それは違うだろという連想をした方の負け！

注意事項！

- 連想しづらい言葉は控えましょう！
- マイナスイメージを連想させる言葉は控えましょう！

解説

　相手の言った言葉に対して，連想した言葉をテンポよく返す。発想力と頭の回転力を要する対決。頭に浮かんだことをいかに言葉にして相手に返すかが勝負のカギとなる。あれこれと考えていては，遅れてしまうので，とにかく勢いに任せて言葉を返そう。

　授業前のウォーミングアップで用いると，場の雰囲気が温まり，いい雰囲気で授業をはじめることができる。授業をふり返った時に，ウォーミングアップが一番だったということにならないように……注意されたし。

応用！

■ VS先生！

　学級の子どもVS先生で行う。ひとり一人が言っていく言葉にどんどんと担任が返す。盛り上がる！

■ VS全員！

　「お題はそば！　Ready Go！」「長い」「年末」「長野」……言葉につまった人の負け！　全員とできるので，団結を図るのにもってこいのゲーム！

■ 連想できない！

　その言葉からは連想できない言葉で返していくゲーム。「タコ！」「川！」など。あまりの意味のなさに一同大爆笑！

禁じ手

命を軽視するような発言……。

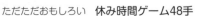

休み時間ゲーム 38 手目 なさそうである言葉対決

こんな決まり手！

子どもA 「『クークル！』」
司会　　「知ってる？　知っていない？　どっち？」
子どもB 「知りません」
司会　　「調べてみます。クークル……乗り物です。あります！」

相手が知らずに，実際にあれば1ポイント。トータルの合計ポイントの高い方が勝ち！

注意事項！

- 思いついた言葉をどんどん言っていこう！
- 広辞苑に載っているかどうか等基準を設けましょう！

> **解説**
>
> 　この世は知らない言葉であふれている。それを実感できる場が「なさそうである言葉対決」である。自分が考えた言葉を相手に伝える。相手が知っていた場合は，0ポイント。知らなくても実際になかった（広辞苑に掲載されていない）場合は0ポイントとなる。相手が知らずに，実際にあった場合に1ポイント獲得となる。
> 　この対決に必要なのは知能ではない，思いきりだ。もう一度言う。言葉はあふれている。思いつくがまま言うがよい。

応用

■ ありそうでない言葉対決
　ありそうかどうかは審判が決める。これが意外と難しい！

■ あるないクイズ対決
　司会がある言葉を言う。その言葉が実在するかしないかを当てていく。最も獲得したポイントの多い人の勝ち！

■ 解説対決
　司会が実際になさそうである言葉を言う。その言葉を，さも知っているかのように解説する。その解説がより正しい方の勝ち！

禁じ手
宗教的な言葉やしきたりにまつわる言葉は注意されたし……。

ただただおもしろい　休み時間ゲーム48手

休み時間ゲーム 39 手目　カラオケ対決

こんな決まり手！

先生　「今日はこの曲からスタート！　エキゾチックジャパン！」
　　　（電子黒板やデッキから流れる音楽♪）
先生　（ただただ口パクでさも歌っているかのように見せる）
子ども「僕はこれでいきます！」
繰り返し，周りの子どもたちの審査を仰ぐ！

注意事項！

- 周りに迷惑がかからないように音量は注意！
- その子の一生懸命に周りは手拍子で応えるようにしよう！

解説

　みんな大好きカラオケ！「歌は好きだけれども，人前で歌うのは少し気が引ける」「あまり歌が上手くないので……」という子どもたちにピッタリなのがこのカラオケ対決。後ろから流れてくるメロディーに口を合わせるだけ。審査の基準は歌っているように見せられるかどうかだけ。これなら歌の上手，下手は関係ない！
　口パクが上手くなりすぎて，音楽の時間に口パク者が増える可能性大。音楽の先生との連絡は密に取られることをおススメする。

応用！

■ ダンス対決
　映像を流して，本人（グループ）と「シンクロダンス！」，映像を流さず，それっぽく踊る「っぽいダンス！」，盛り上がらないわけがない！

■ イントロ対決
　難易度が高いと感じられた場合は，イントロクイズに。音楽は教室に笑顔と活気をもたらします！

■ 知っている曲に違う歌詞をのせることができるか対決
　これは難易度がものすごく高い。ドレミの歌にアンパンマンマーチの歌詞を重ねて歌う等。できれば歓声と拍手に包まれます！

禁じ手
誰も知らない歌を流す。
ただただ盛り下がる……。

ただただおもしろい　休み時間ゲーム48手

休み時間ゲーム 40 手目 2字とり対決

こんな決まり手！

先生　「今日は『2字とり対決』やろうか。……ではしりとり！」
子ども「とり，とり……とりにく！」
先生　「にく，にく……にくどうふ！」
子ども「うふ，うふ……参りました」

ない言葉を言ったり，タイムオーバーとなったりすると負け！

注意事項！

- 制限時間を設け，テンポよく進めましょう！
- 慣れるまでは丁寧に説明してあげましょう！

解説

誰もが知っている「しりとり」をアレンジした「2字とり」。ルールは簡単。しりとりは前者の言葉の最後尾の言葉を取ってつないでいくが，2字とりは後ろ2文字を取って，つないでいく。なので語尾に「ん」がついても大丈夫なのだ。長考に入ると，休み時間内での対戦数が限られてしまうので，制限時間はきちんと設定しよう。

取り組み過ぎると，元祖のしりとりを忘れてしまう可能性がある。注意されたし。

応用！

- 「ん」がついたら勝ち

  しりとりで嫌われていた，語尾に「ん」のつく言葉たちが大活躍！

- ○文字しりとり対決！

  文字数を指定したしりとり対決！　特に2文字しりとりはテンポよく進むので，盛り上がります！

- 真ん中字とり対決！

  文字通り，言葉の真ん中の字をとってつないでいく。字数や真ん中の字が何なのか等，思考要素が増え，おもしろさが倍増します！

禁じ手　アレンジし過ぎて，しりとりの原型をなくさないように……。

休み時間ゲーム 41 手目 新・じゃんけん対決

こんな決まり手！

先生　「日野先生じゃんけんやるよ！」

子どもたち「はーい」

先生　「チョークと黒板と黒板消しね。チョークは黒板に書けるからチョークの勝ち。黒板消しは黒板を消せないから黒板の勝ち。黒板消しはチョークで書いた字を消すことができるから，黒板消しの勝ち。ポーズはそれぞれ～～ね！　いくよ！　じゃんけんポン！」

注意事項！

- おもしろいじゃんけんは，学級の定番に！
- イメージのよくない物はじゃんけんに用いないようにしましょう！

解説

　誰もが一度は必ずと言ってよいほどやったことがある"じゃんけん"。あまりにやり過ぎて，中には飽き飽きしている子どももいるのではないだろうか。お任せあれ！　そんな子どものために編み出されたこの対決。子どもたちの考えたオリジナルじゃんけんの中に本家のじゃんけんを上回る楽しさを持つものも。

　学級外でオリジナルじゃんけんをして，ひかれてしまうこともしばしば。注意して見守りたまえ。

応用！

- **口じゃんけん**

　手は出さず，口（言葉）でじゃんけんをする。何を言ったのかよくわからないが，そのあやふやさに大爆笑が起こる！

- **じゃんけんぴょーん！**

　ぴょーんと同時に飛び上がる！　ただただ盛り上がります！

- **変身じゃんけん**

　1回目に出した手を変身させてよいじゃんけん！　2回目変える？　変えない？　何が起こるかわからない結末に，ただただ盛り上がります！

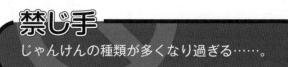
禁じ手
じゃんけんの種類が多くなり過ぎる……。

ただただおもしろい　休み時間ゲーム48手　97

休み時間ゲーム 42 手目 似ていない絵対決

「耳・ひげ・しま模様」の条件を当てはめると……

こんな決まり手！

先生　「似ていない絵対決したい子。鉛筆持っておいで〜！」
子どもAB　「やりま〜す！」
先生　「今日のお題は『猫』」
先生　「必須アイテムは『耳・ひげ・しま模様』です」
子どもAB　「(描く) できた！」
先生　「猫に似ていないのは……Aの絵。よってAの勝ち！」

注意事項！

- 必須アイテムは必ず設定しましょう！
- 「下手！」はこのゲームにおいて最大の褒め言葉です！

解説

　絵を描くことが苦手な子って必ず1人や2人いることだろう。上手に描くことができない，描いた絵を下手だと友だちに言われる。かくいう私もそんな子どもの1人であった。そんな絵を描くことが苦手な子どもが絵でスポットライトを浴びることができるのが，この対決である。

　お題とどれだけ似ていないか。突拍子もない絵の連発に，教室は盛り上がること必至！　次の時間がデッサンだと，切り替えることができない可能性があるので，注意されたし。

応用！

■ 似ている絵対決！

　絵が上手な子どもにもスポットライトを！　凝り性な子どもが多いので，制限時間は必ず設定しましょう！

■ 指示絵対決！

　「上側に三角形を2つ描きます」など，出題者が絵を見ながら，ヒントを出し，回答者が描き進めていく。出題者が見ている絵により近い方が勝ち！

■ 伝言ゲームならぬ伝"絵"ゲーム！

　絵をただただ描き伝えていくゲーム。示されたお題の絵とのあまりの違いに大爆笑必至！

禁じ手

図工の作品に影響が出る……。

定番

もの遊び

頭を使って

アクティブ

表現力アップ

アレンジ

ただただおもしろい　休み時間ゲーム48手　99

休み時間ゲーム 43 手目　条件付きにらめっこ対決

こんな決まり手！

　　子ども「（おなじみの音楽♪）にーらめっこしましょ　鼻をピクピクさせて　あっぷっぷ♪」
　　（双方とも笑わない）
　　先生　「じゃあ次は先生の番ね。にーらめっこしましょ　ほっぺたーを膨らませーて　あっぷっぷ♪」
　　子ども「（笑い）その顔おもしろすぎるでしょ！」
笑った方の負け！

注意事項！

- 条件をリズムに合わせて言いましょう！
- 笑う時は思いっきり！　大袈裟に！

解説

　昔から時間があれば「にらめっこ」というぐらい，取り組んだことのない人はまずいないだろう。これにアレンジを加えたのが「条件付きにらめっこ」。ルールはにらめっことほぼ同じ。異なるのは，相手に1つだけ条件をつけ加えることができるということ。

　繰り返していく内に，○○さんの得意技や○○くん顔など，様々な"必殺顔"が生み出される。給食時間中に"必殺顔"で，牛乳を吐き出さそうとする子どもが出てくる。気をつけろ！

応用！

■ 無言にらめっこ

　はじまりが誰にもわからない無言にらめっこ。静寂の中でただただおもしろい顔を繰り出し続ける2人に，当人同士のみならず周りも大爆笑！

■ 小道具にらめっこ

　顔に様々なしかけを施し，「あっぷっぷ」の「ぷ」で初めて顔を合わせる。鼻メガネは必需品！

■ 一言にらめっこ

　攻守交代制度。攻撃側のターンの時に，一言つぶやいてもよいこととする。静寂の中，真顔の「う○こ」は必殺技です！

禁じ手

相手の体を触る行為は絶対に禁止……。

ただただおもしろい **休み時間ゲーム48手**

休み時間ゲーム 44 手目　不美字（美しくない文字）対決

A

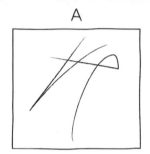

B

「Bの勝ち！」

こんな決まり手！

先生　「不美字対決したい子。鉛筆持っておいで〜！」
子どもAB　「やりま〜す！」
先生　「（子どもA・Bに知らせる）お題は『あ』」
先生　「線の配置は変えないように」
子どもAB　「（書く）できた！」
審判　「Aは何という字を書いたかわからないからBの勝ち！」

注意事項！

- 配置は変えないようにしましょう！
- 書いた字を審判に見せ，審判が読めなかったら，その時点で負け！

解説

　字を書くことが苦手な子ってたくさんいるでしょう。そんな子どもたちが楽しみながら，意欲的に字を書いていく対決がこの"不美字対決"だ。

　ただ美しくない字ではめちゃくちゃに書く可能性がある。周りの子どもたちに見せたら読むことができる等の基準を設けよう。不美字のポイントを知ることは，きれいな字（美文字）を書くポイントを知ることにもなる。奥の深い対決だ。

応用！

■ **不美アルファベット対決！**
　文字通り。画数が少ない文字ばかりなので，崩して書くのに悪戦苦闘！

■ **不美字で伝えよう！**
　文字通り。不美字で書いたものはなにかを当てるゲーム！　これが意外に盛り上がる！

■ **美文字対決！**
　文字通り。学級一の美文字決定戦は大いに盛り上がること，間違いなし！

禁じ手
普段のノートに不美字を書く……。

休み時間ゲーム **45** 手目
新・旗上げ対決

こんな決まり手！

先生　「旗上げゲームやろうか！」
子どもAB「やる〜！」
先生　「右上げて！　顔上げて！　左上げないで……顔下げない！」
子どもA「あ〜！　ひっかかった〜！」
子どもB「やったー！　クリアー！」
先生　「Bの勝ち！」

注意事項！

- 「顔」を出せば出すほど盛り上がります！
- ゆっくりなテンポだとひっかかりにくいので，テンポは少し速い方がいいでしょう！

解説

「赤上げて！ 白上げて！」でおなじみの旗上げゲーム。これに顔を加えたのが「新・旗上げゲーム」だ。

下げていた顔が上がった時の盛り上がり方がとにかくすごい！対戦する人数が多ければ多いほど，笑いが爆笑に，爆笑が大爆笑へと進化していく。

給食時間にこの対決に取り組み出すと，なかなか食事が進まないので，注意されたし。

応用！

■ 相手が笑っても負け！

にらめっこの要素を加える。間違うだけでなく，笑ってしまっても負け！顔を上げる際のキメ顔で勝負！

■ 足も加えよう！

「右上げて！ 顔上げて！ 右足上げて！……」足を加えることで，もう頭の中はパニック！ する側も見る側も爆笑必至！

■ 上げる・下げる以外も！

「右上げて！ ぐるぐる回って……ハイポーズ！」ただただ言われた通りのことをこなした方の勝ち。「見ている側もハイポーズ」で学級に一体感を！

禁じ手
右足上げて・左足上げて……は無理！

ただただおもしろい　休み時間ゲーム48手

休み時間ゲーム 46 手目
空中腕相撲対決

こんな決まり手！

先生　「空中腕相撲やろうか！」
子ども「やります！」
審判　「Leady Go！」
　（取り組み中）
子ども「やったー！」
先生　「負けた……」

ひじの位置より，腕や手首が下がった方の負け！

注意事項！

- 事前のストレッチは入念に！
- 足はしっかりと固定しましょう！

解説

　机がなくてもできてしまう新腕相撲！　お互いの手を握り，立った姿勢で腕相撲をする。ひじの高さよりも腕や手首が下がった方が負け。

　腕相撲との一番の違いは，倒すだけでなく下に引っ張るという動きが入るので，テクニックも非常に重要になってくる。だからが故に，力の強い男の子が，力の弱い女の子に負けるということも起きてしまう。教室は大盛り上がり！

　知らない人が見るとケンカのように見えるので，注意されたし。

応用！

■ 座り相撲
　ルールは同じ。腰が浮かんでもいけないというルールを加える。力の差があまり関係ないので，番狂わせに盛り上がる！

■ にらめっこ腕相撲
　ルールは同じ。力に自信がない子は，おもしろ顔で勝負に勝てます！

■ 片足空中腕相撲
　文字通り，片足立ちで空中腕相撲！　上記のルールに加えて，浮かせている足が地面に着いても負け。フラフラの戦いに盛り上がる！

禁じ手
興奮して蹴りなどを入れる……。

ただただおもしろい　休み時間ゲーム48手

休み時間ゲーム 47 手目　新・10回クイズ対決

こんな決まり手！

先生（あるいは子ども）「ピザって10回言って」
子ども「ピザ，ピザ，ピザ……ピザ！」
先生（あるいは子ども）「（鉛筆を指差して）じゃあこれは？」
子ども「鉛筆？」
周りの子ども「でーーー!?」

尋ねた側も，答えた側も，周りも，その意味のなさに思わず大爆笑！

注意事項！

- 全く関係のないものを尋ねましょう！
- 深く考えないことが１つのコツです！

解説

「シャンデリアって10回言って！」「シャンデリア，シャンデリア，……」「毒リンゴを食べさせられたのは？」「シンデレラ！」「ぶー！白雪姫でした」誰もが一度はしたことがあるであろう10回クイズ。このやられた！　感が癖になるのだが……。全く意味のないことを尋ねてみるとどうだろう？　あら不思議。これがあまりの意味なさ感に爆笑を生むのである。

　やり過ぎるとしらけるので，タイミングを計ってここぞというところで，この対決を繰り出そう！

応用！

■ 元祖10回クイズ対決

　うまく盛り上がらない……そんな時は元祖に返るのが一番！　盛り上がります！

　　例：「ダンスって10回言って！」「ダンスダンスダンス……」
　　　　「布団をしまうところは？」「タンス！」「ぶー‼」　等。

■ 10回早口言葉対決！

　「となりの客はよく柿食う客だ」などの早口言葉をどちらが早く正確に言えるかを対決する！

禁じ手
尋ねた人だけが楽しむ……。

休み時間ゲーム 48 手目
新・テスト勉強対決

こんな決まり手！

先生　「次の時間は社会テスト！　テスト勉強やろうか」
子どもたち「はーい」
先生　「では，第１問。この折れ線グラフの角度は？」
子ども「45度！」　先生　「多分，正解！」
子どもたち「というよりもそんな問題出るの（笑）」

注意事項！

- 本当にテスト勉強をしたい子は誘わないようにしましょう！
- 笑い声で勉強している子の邪魔にならないようにしましょう！

解説

次の時間は○○テスト！ テスト5分前だからこそ，笑いで心をリフレッシュして過ごすのもよいだろう。真面目に勉強したい子にとっては何の役にも立たないので，あらかじめ伝えておくとよかろう。
「どうして親は信長という名前をつけたのでしょう？」「自動車工場。写真のこの人の今日のお昼ご飯は？」など全くテストに出ない問題をただただ出す。答えた子どもの考えはすべて正解にするとよいだろう。
テストの点数に悪影響が出はじめたら，即刻中止を！

応用！

■「部屋の間取りは？」
物語文全般に使うことができます。「大きなかぶ。この家族が住む家の間取りは？」ただただ盛り上がります！

■ 写真を見て一言
社会など写真の多い教科書におススメ！ 盛り上がります！

■ まったく関係のない問いかけ
犬が5匹います。後から2匹きました。どうしてでしょう？ 算数の文章問題におススメです！

禁じ手
本当にテストに出そうな問題を出す……。

ただただおもしろい **休み時間ゲーム48手**

【著者紹介】

日野 英之（ひの　ひでゆき）

箕面市教育委員会指導主事。
1982年愛媛県生まれ。信州大学教育学部を卒業後，大阪府公立小学校で12年間勤務し，平成30年から現職。現在，「箕面教師力向上学習会」代表を務める傍ら，「関西体育授業研究会」「授業力＆学級づくり研究会（下記詳細）」「ただただおもしろい授業を追求する会」などにも所属。

『子どもも観客も感動する！「組体操」絶対成功の指導ＢＯＯＫ』『クラスの絆がグッと深まる！「なわとび」絶対成功の指導ＢＯＯＫ』『団体演技でみんなが輝く！「フラッグ運動」絶対成功の指導ＢＯＯＫ』『３年目教師　勝負の学級づくり』『同　勝負の授業づくり』『同　勝負の算数授業づくり』（いずれも明治図書）など共著書多数。

授業力＆学級づくり研究会（https://jugakuken.jimdo.com/）
「子ども，保護者，教師。みんな幸せ！」を合言葉に発足。
教科・領域，主義主張にとらわれず，授業力向上とみんなが幸せになれる学級づくりについて研究を進めている。
大阪を中心に，月１回程度の定例会，年４回程度の公開学習会を開催。

〔本文イラスト〕木村美穂・モリジ

教師力ステップアップ
５分でクラスの雰囲気づくり！
ただただおもしろい休み時間ゲーム48手

2018年９月初版第１刷刊	©著　者	日　野　英　之
	発行者	藤　原　光　政
	発行所	明治図書出版株式会社

http://www.meijitosho.co.jp
（企画）木村　悠　（校正）中野真実
〒114-0023　東京都北区滝野川7-46-1
振替00160-5-151318　電話03(5907)6702
ご注文窓口　電話03(5907)6668

＊検印省略　　　組版所　株式会社木元省美堂

本書の無断コピーは，著作権・出版権にふれます。ご注意ください。

Printed in Japan　　　ISBN978-4-18-278911-3
もれなくクーポンがもらえる！読者アンケートはこちらから　→